Cindy Klink

HÖREN WIRD ÜBERBEWERTET

Originalausgabe

Lahnstraße 25
12055 Berlin
prverlag@hirnkost.de
www.jugendkulturen-verlag.de

1. Auflage August 2018

Vertrieb für den Buchhandel:
Runge Verlagsauslieferung; msr@rungeva.de
Privatkunden und Mailorder: https://shop.hirnkost.de/

Layout: Linda Kutzki

ISBN
PRINT: 978-3-947380-10-7
PDF: 978-3-947380-11-4
EPUB: 978-3-947380-12-1

Dieses Buch gibt es auch als E-Book bei allen Anbietern und für alle Formate.

Unsere Bücher kann man auch abonnieren:
https://shop.hirnkost.de/

INHALT

VORWORT

Der Tag, an dem es begann, bleibt für immer in meinem Gedächtnis eintätowiert. Eine bleibende Erinnerung, die mich durch den Alltag trägt und mir jedes Mal aufs Neue bewusst macht, dass Menschen von meiner Arbeit begeistert sind. Und obwohl es nur ein Hobby ist, bereichert es mich jedes Mal aufs Neue. Selbstverständlich erforderte es Mut und Selbstbewusstsein. Ihr könnt Euch vorstellen, was für eine Kraft ich benötigt hatte, um das Ganze auf die Beine zu stellen.

Doch am Ende war es wie ein Sog, der mich immer weiter trug. Es verlieh mir Flügel, und ich war fähig, damit zu fliegen. Jeder Schlag kostete seine Energie, aber am Ende hatte es sich gelohnt.

Wie man sieht, bin ich an einem Punkt angelangt, an dem ich Euch meine Geschichte erzähle. Und da ich Ehrlichkeit sehr schätze, muss ich sagen, dass es mehr wird als nur eine Herausforderung. Es wird nicht nur ein weiteres Hindernis sein, welches ich bewältigen muss, es ist für mich ein neues Kapitel eines

Buches, in dem ich endlich den Mut finde, Euch zu erzählen, wie es überhaupt zu diesem Projekt gekommen ist. Normalerweise behalte ich mein Privatleben und meine Gefühle lieber für mich und publiziere nur die Dinge, von denen ich überzeugt bin, dass meine Maske dadurch nicht zerbricht.

Jetzt sitze ich hier und bin am Überlegen, wie ich mich Euch am besten präsentiere. Niemals hätte ich gedacht, dass es so schwer sein würde, über mich zu schreiben. Nicht, dass ich Angst hätte, mir fehlen einfach die Worte und der passende Anfang. Zuerst habe ich mit Sätzen wie: „Hallo, ich bin Cindy und zwanzig Jahre alt“ angefangen – bis ich merkte, dass es eine 0815-Form von „Das-benutzt-jeder-der-nicht-genug-Kreativität-besitzt“ ist. Um Euch vermitteln zu können, weshalb ich Lieder übersetze und meine Gefühle mit Euch teile, müssen wir eine Reise in meine Vergangenheit machen.

Nehmt Euch aber in Acht. Es wird nichts leicht Verdauliches sein.

DER WEG ZUR SCHWERHÖRIGKEIT

Am 18. Juni 1997 kam ich auf die Welt. Natürlich war das nichts Besonderes, aber für meine Familie war es tatsächlich ein Highlight. Denn ich war das erste Mädchen in der Familie, nachdem die Geschwister von meinem Vater bereits sieben Jungen auf die Welt brachten. Für meine Verwandtschaft war es ein Anlass, Tränen zu vergießen, ein Fest zu feiern und sich volllaufen zu lassen, während ich wahrscheinlich in der Wiege lag und schlief oder schrie und nach der Brust bettelte. Meinen Namen Cindy habe ich dem Model Cindy Crawford zu verdanken – wie herrlich! Aber ich bin dankbar, dass ich kein Junge geworden bin, denn sonst hieße ich Kevin. KEVIN!

Direkt nach meiner Geburt war von meiner Hörbehinderung weit und breit keine Spur. Mit mir konnte man reden, lachen und Dinge ins Ohr flüstern, und womöglich habe ich auch alles verstanden. Aber dieses Glück hielt nur drei Jahre lang.

Von einem Tag auf den anderen hörte ich immer schlechter und schlechter. Mein Verlust des Gehörs war so weit ausgeprägt, dass man es schnell bemerkte. Den Fernseher drehte ich auf volle Lautstärke, und trotzdem verstand ich nichts. Musik konnte ich nur noch wahrnehmen, wenn ich meine Ohren an die Boxen hielt. Sonst war da nur noch Stille. Für Euch klingt das vielleicht wohltuend, aber für mich als kleines Kind war es sehr beängstigend. Stellt Euch mal vor, von einem Tag auf den anderen hört Ihr nichts mehr.

Am Ende stellten meine Eltern fest, dass ich eher auf die Gebärdensprache reagierte, als wenn sie mit mir sprachen. Beim ersten Mal dachten sie sich nichts dabei, aber als es öfter geschah, hatten sie eine Vermutung: Unsere Tochter ist wahrscheinlich hörgeschädigt.

Nachdem ich etliche Termine bei meinem HNO-Arzt und Akustiker verbrachte, bekam ich am Ende meine ersten Hörgeräte, die ich wohlerzogen anzog. Die meisten Leute, die ich kenne, berichteten mir, dass sie als kleines Kind immer die Hörgeräte auszogen und durch die Gegend warfen, genau dasselbe kann ich von meinem schwerhörigen Bruder berichten. Bei mir war es jedenfalls das Gegenteil. Nachdem ich sie endlich hatte, mochte ich sie am liebsten gar nicht mehr ausziehen. Den Klang der Stimmen wieder zu hören, das Knacken des

Bodens im Korridor, das Klackern der Absätze meiner Großmutter und das Knirschen des Laubes, wenn ich darüber ging, war großartig. Das Heulen des Windes, das Prasseln des Regens, das Rauschen des Fernsehers, wenn er wieder mal nicht funktionierte, und das Wichtigste: die Musik. Schon als kleines Kind war Musik mein treuer Begleiter.

Als meine Eltern erfuhren, dass ich schwerhörig bin, haben sie sich gefreut. Das mag nur verständlich sein, wenn man selbst gehörlos ist, und das kann ich ihnen auch gar nicht übelnehmen. Aber nicht alle waren von diesem Umstand begeistert. Meine Großmutter hat Tränen vergossen, als sie es erfahren hat. Ihr eigener Sohn ertaubte aufgrund einer Hirnhautentzündung in einem Alter von drei Monaten. Meine Großmutter brachte meinem Vater das Sprechen bei, obwohl er seine eigene Stimme nicht hören konnte. Schließlich wollte sie nicht, dass er von den anderen ausgeschlossen wurde, nur weil er kein Sprachvermögen hatte und nichts hörte. Und weil sie Angst hatte, dass es mir genauso ergehen könnte, lehrte sie mich das Sprechen. Hatte ich an einem Tag mal aus Versehen „Schmekkerling“ statt „Schmetterling“ gesagt oder „Puppe“ statt „Suppe“, forderte sie mich auf, es so oft zu wiederholen, bis ich es richtig ausgesprochen hatte. In diesem Alter war es für mich total ätzend, weil ich mir ziemlich dumm vorkam, doch heute kann ich nicht dankbarer sein. Ohne ihre Hilfe könnte ich heute nicht sprechen, und es ist ein sehr wichtiger Bestandteil der Kommunikation für mich geworden.

Natürlich merken manche, dass ich einen Sprachfehler habe. Laute wie „s", „sch" und „ch" hört man bei mir sehr schlecht. Ich lisple, aber all die Jahre konnte ich das selbst nicht wahrnehmen, bis ich Videos von mir aufnahm und mich selbst schlecht verstand. Ab da hinterfragte ich mein Sprachvermögen. Irgendwann fand ich den Mut und fragte nach, ob es stimmt.

Als die Bestätigung kam, schämte ich mich. Es war einfach peinlich und ich war sauer, weil es mir all die Jahre niemand gesagt hatte.

Mit meinen Eltern kommuniziere ich zwar immer in der Gebärdensprache, jedoch auf der Arbeit, in der Schule, mit Freunden oder bei Terminen bevorzuge ich die Lautsprache. Viele Gehörlose sehen das als respektlos an; ich denke mir nur, ich muss mich anpassen. Wir leben in einer Welt, in der die Gehörlosen eine Minderheit sind. Auf keinen Fall wollte ich es zulassen, dass man mich auf irgendeine Weise ausgrenzt, nur weil ich eben auf die Gebärdensprache fokussiert war und die Lautsprache vernachlässigte. Gebärdensprache ist meine Muttersprache und sie wird immer ein wichtiger Bestandteil meines Lebens sein. Zu keiner Zeit möchte ich darauf verzichten und mich nur an der Lautsprache orientieren. Aber ebenso bin ich verpflichtet, mich zu integrieren, und da ich beruflich nicht an der Kante sitzen möchte, ist es enorm wichtig für mich, sprechen zu können.

MOBBING IM KINDERGARTEN

Mit meinen Eltern und Großeltern lebte ich schon mein ganzes Leben lang am Rande eines Dorfes an der wunderschönen Mosel. Weinberge und Wälder umgaben uns, und die Natur stimmt mich heute noch euphorisch. In dem Alter, in dem ich meine Hörgeräte bekam, dachte ich nicht darüber nach, dass diese mich in einer gewissen Weise anormal machten. Das wurde mir erst bewusst, als ich den Kindergarten im Dorf besuchte. Ich war von Anfang an das hässliche Entlein. Ich erhielt die gehässigsten Blicke und man warf mir die übelsten Beleidigungen an den Kopf. Kinder können erbarmungslos sein. Der Reiz, mich integrieren zu wollen, war groß, doch was nützte es mir, wenn ich am Ende doch bespuckt wurde? Oder man mir meine Schuhe stahl und ich bei ekligem Herbstwetter auf meinen Socken durch das halbe Dorf nach Hause gehen musste?

Freunde fand ich dort keine, schließlich war ich die Außenseiterin mit den komischen bunten Ohren. Dabei waren es nur Hörhilfen, auf die ich angewiesen war. Aber das verstanden sie nicht, und anscheinend wollte es auch niemand verstehen. So hatten sie einen Freak. Sich damit auseinanderzusetzen, warum jemand so war, war für sie nicht relevant. Als Kind war ich naiv und voller Menschenvertrauen, ich versuchte stets das Gute in allen Menschen zu sehen. Dass die Realität eine andere war, wurde mir erst im Laufe der Zeit bewusst, als das Mobbing nicht endete. Ich fühlte mich wie ein Sandkorn, das viele andere um sich herum hat, aber doch in keiner Verbindung zu diesen steht.

Erst ganz am Ende, als ich schon den Kindergarten verließ, fand ich eine Freundin; jedoch verlor sich der Kontakt schon bald wieder, als wir beide auf andere Schulen gingen. Sie ging auf eine Regelschule und ich besuchte nun eine Schule in Trier mit dem Schwerpunkt Hören und Kommunikation.

Die Schule überstand ich schwankend. Die Grundschulzeit war ganz in Ordnung, die Realschulzeit beanspruchte oft mehr Energie, als ich hatte. Denn da fing es an, dass die Krankheit mich auffraß. Ganz langsam, schleichend, bis es mich letzten Endes unverhofft übermannt hat. Erst heute, Jahre später, ist mir klar, was man mir all die Jahre antat. Man machte mir in kurzen Worten und unmissverständlich klar, wie sehr ich mich von anderen unterschied. Ich fand keine Kontakte hier im Dorf. Mein Cousin war zu dieser Zeit mein einziger Freund. Der einzige Fels im Meer, der mich vor der Brandung schützte. Aber wie jeder andere ging auch er irgendwann eigene Wege. Mehr als ein „Hallo" sagten wir uns nicht mehr. Manchmal versuchte ich zwar noch, ein Gespräch aufzubauen, aber er wirkte daraufhin immer reserviert und unnahbar. Vielleicht sollte ich weniger das vermissen, was fehlt, und mehr schätzen, was ich habe, sagte ich mir immer wieder. Aber leider gehöre ich zu der Sorte Menschen, die nicht schnell vergessen können, und ich habe bei vielen Dingen ein Langzeitgedächtnis.

Das Schlimmste war, dass ich eine Zeitlang dachte, es wäre okay, wenn ich meine Gefühle leugne, wenn ich alles für mich behalte und versuche, meine Probleme allein zu überwinden. Es wäre okay, wenn ich keine echten Freunde habe, und dass ich alles, was mir passiert, verdient habe. Dabei war nichts okay.

Mit einem Lächeln aufzustehen und durch den Tag zu gehen und so zu tun, als sei alles in Ordnung, war das Schwerste und das Leichteste zugleich, was ich tun konnte. Es vernebelte den anderen die Sicht auf mich; keiner wusste von meinen Gefühlen, und es tat gut, einfach so zu tun, als würde es mir gut gehen. Heute weiß ich, dass es total krank war.

Viele Momente des Schreckens sind in meiner Erinnerung diffus, aber ein paar Erlebnisse haben mich so wirksam geprägt, dass ich sie bis heute nicht vergessen kann. Manchmal frage ich mich, wie barbarisch können Menschen noch sein? Insgeheim dachte ich oft, dass es nur eine Art Mutprobe war. Die Hoffnung war einfach immer noch da. Und hätten sie sich irgendwann bei mir entschuldigt, dann glaube ich, dass ich ihnen verziehen hätte. So naiv es auch klingen mag. Ich hätte es wirklich getan.

Es war abends gegen 20 Uhr, im Winter, und so war es um die Zeit schon dunkel. Ich ging immer dieselbe Straße, seitlich an den Lichtern, damit ich meine Angst vor der Dunkelheit überwinden konnte. Anstatt dass jemand versuchte, mir die Angst zu nehmen, wurde sie noch verstärkt. Das Einzige, an das ich mich noch erinnern kann, ist, wie man mich von hinten fasste und ich am Ende auf dem Boden lag. Zwei Stöße in den Bauch, ein Schlag ins Gesicht und Gelächter, während Sprüche wie „Krüppel", „behindertes Schwein" und „geh sterben" aus ihrem Mund kamen. Sie zogen mir die Hörgeräte aus und warfen sie auf die Straße. Während sie sich immer weiter über mich hermachten, hatte ich die Empfindung, ich würde zerrinnen. In diesem Moment glaubte ich wirklich, ich sei nur Unkraut, das an der falschen Stelle gewachsen ist. Es fühlte sich wie eine Ewigkeit an, dabei waren nur ein paar Minuten vergangen, bis sie endlich verschwanden und ich den Mut fand, zu weinen.

Das ist mir im Alter von 13 Jahren passiert. Niemand hat etwas gesehen, niemand kam, um mir zu helfen. Kein Mensch hat meine Schreie gehört. Einfach niemand. Ich lag allein auf dieser Straße und fühlte mich einsam und wertlos.

Irgendwie schaffte ich es trotz all der Schmerzen, aufzustehen und weiterzugehen. Ich suchte jeden Zentimeter auf der Straße ab und fand meine Hörgeräte unversehrt wieder. Zu Hause angekommen versteckte ich mich in meinem Zimmer und versuchte, mir nichts anmerken zu lassen. Die Konfrontation mit besorgten und neugierigen Fragen hätte mich mich noch schlechter fühlen lassen. Meine blutverschmierte Hose und mein T-Shirt warf ich am nächsten Tag in den Altkleidercontainer. Ich schmiss alles weg, was an diesem Tag meine Haut berührt hatte, wollte keine Erinnerung daran behalten. Keinen einzigen Gedanken mehr darauf verschwenden, wie ich armselig und schwach auf der Straße lag. Ich hätte mich wehren können, ich hätte zurückschlagen sollen. Aber bei drei gegen eins lagen meine Chancen bei null.

Wie weit konnten Menschen gehen und einem klarmachen, dass man hier auf der Welt nichts zu suchen hatte? Einem so sehr ins Gehirn treten, dass man letztendlich an die Worte glaubte und sich unerwünscht fühlte. Ich hatte immer gedacht, dass Menschen zusammenhielten. Wir stammen von derselben Gattung, warum wird der Hass unter uns dann so weit in die Höhe getrieben? Hatte nicht jeder Mensch verdient, so zu leben, wie er es möchte, mit all den Fehlern, die er besaß? Es hieß doch immer, dass kein Mensch fehlerfrei sei. Und wenn ich ein Fehler bin, warum kann man das nicht dulden und mit mir leben?

Der Schmerz, mit dem ich jahrelang zusammenarbeiten musste, war kein Schmerz, den man einfach so hinnehmen konnte. Es war nicht nur ein Zwicken oder ein nur für kurze Zeit tobender Schmerz. Der Schmerz verblasste meine Welt, die Farben existierten nicht mehr. Dass ich innerlich kalt wurde und alles nur noch leer war, war seine Schuld. Schmerzen tauchen in vielen Varianten auf, bei mir war es die Taubheit. Nichts mehr fühlen zu können, tat gut, aber es zerbrach mich auch. Mein Herz und meine Seele wurden in tausende Stücke zerfetzt, und heute noch sind sie mit Pflastern übersät und halten gerade noch zusammen. Denn die Seele ist wie ein Spiegel, man kann sie nicht reparieren; ist sie einmal zerbrochen, bleibt sie so – für immer. Man kann versuchen, sie wieder zusammenzukleben, doch die Risse wird man immer sehen können.

Jeden Abend, wenn ich im Bett liege und meine Augen schließe, spielt sich die Erinnerung in Dauerschleife ab. All die Diskriminierungen, all die Beleidigungen, die ich mir anhören musste, all die Schläge, die ich auf meiner Haut spürte, erlebe ich jeden Abend erneut. Immer noch.

Mobbing ist eine leichte Art, seine Opfer bis an die Grenze zu bringen. Bis zum Rand des Wahnsinns.

Das Mobbing hätte auch mich beinahe ins schwarze Loch gezogen. Das Leben hat aber mehr zu bieten. Stellt Euch mal vor, Ihr seid mit dem Menschen, den Ihr liebt, zusammen. Zusammen in einem Raum, Ihr lächelt Euch an und Ihr könnt Euer Glück kaum fassen. So war es bei mir auch. Endlich hatte ich jemanden, mit dem ich mein Leben teilen konnte.

Aber was passierte dann? Mit jedem Tag,

an dem ich mit dem Glück überhäuft wurde, fühlte ich mich immer leerer und leerer. Es ähnelte einem Sog, der nie endete, bis am Ende nichts mehr von mir übrigblieb.

Ich brauche nicht viel, nur jemanden, der meine Hand hält, der mir einen Kuss auf die Stirn gibt und mir jeden Abend vor dem Schlafengehen eine gute Nacht wünscht. Mit dem ich über die albernsten und verrücktesten Dinge lachen kann. Einen Menschen, bei dem man hinfallen kann und dabei weiß, dass man aufgefangen wird. Dieser eine Mensch, der mich bedingungslos liebt und kämpft, wenn ich anfange zu versagen. Der einfach da ist und seine Arme um mich schlingt. Der mir immer wieder ein Lächeln ins Gesicht zaubert und über mein kindisches Verhalten lacht.

Doch dieser Mensch, mit dem ich zusammen war, konnte mir all diese Dinge nicht geben. Alles, was er mir schenken konnte, war Schmerz. Er brauchte jemanden, um seine Lust zu befriedigen, und ich war seine perfekte Marionette, wie eine Puppe in einem Theaterstück, und er durfte an den Fäden ziehen, während ich dieses Stück präsentierte. Er nahm sich, was er brauchte. Egal wann, wo und wie. Wenn ich mich weigerte, wenn der Schmerz mich durchströmte, meinte er, sobald er in mir drinnen wäre, wäre alles gut. Wie sehr ich auch um mich schlug, er war stärker. Er war immer stärker und seine Schläge ließen mich die anderen Schmerzen vergessen. Mein Gesicht verbarg ich unter dem Kopfkissen. Ich fühlte mich so fremd, so benutzt und schmutzig. Selbst eine heiße einstündige Dusche brachte nichts.

Niemand konnte mir helfen, weil niemand meine Geschichte kannte. Nicht mal mein Therapeut. Es ist einfach peinlich zu offenbaren, dass man verprügelt, gemobbt und vergewaltigt wurde und sich fremd auf diesem Planeten fühlte. Wenn ich meine Geschichte noch einmal erleben könnte, würde ich mich wehren. Ich würde ihnen ins Gesicht schreien, was für erbarmungslose Menschen sie sind, dass sie sich einfach das Leben eines anderen zum Spielzeug nehmen und dabei die Folgen außer Acht lassen. Heute lasse ich mir nichts mehr gefallen. Die Vergangenheit hat mich gelehrt, mich zu wehren und nur nett zu den Menschen zu sein, die nett zu mir sind.

MEIN BLOG

Da die Therapie mir nicht half, fand ich ein anderes Mittel, mit meiner Vergangenheit klarzukommen. Auf *Tumblr.com* habe ich einen Blog gegründet und alles rebloggt oder gebloggt, was mein Herz begehrte.

> *„Bin gefallen und wieder aufgestanden. Hab geschrien und geschwiegen. Bin gelaufen und mitten im Wege stehen geblieben. Hab mein Schwert ausgepackt und wieder in die Scheide getan. Hab mir meine Maske aufgesetzt und mich als irgendjemand ausgegeben und mein eigenes Ich verschwiegen."*

> *„Grade bin ich glücklich, doch dann kommst du vorbei und raubst mir das Lächeln im Gesicht."*

Und ich schrieb Tagebuch:

> *„Auch wenn ich es mir eingestehen wollte und immer die Starke spielte,*

sah es in mir ganz anders aus. In mir war alles leer und doch so chaotisch. All die Schmetterlinge verwandelten sich in stechende Wespen." 06/2013

„Minuten, Stunden, Tage und Monate zerbreche ich mir den Kopf, was an mir nur so falsch ist. Wenn ich denke, ich mach das Richtige, mach ich es doch falsch. Keiner versteht mich. Keiner kennt das Gefühl, als wäre man vom Pech verfolgt. Jeder denkt, wenn man ein Lächeln aufsetzt, wird alles wieder ‚okay'. Haha. Nichts wurde bis jetzt okay. Nicht mal mein geprägter Gedanke verließ mich. Ich fühle mich einsam, schon so einsam, dass ich nicht mal ruhig schlafen kann. Aber wen interessiert das? Es liegt ja immer alles mir. Ja, nur an mir! Ich wünschte, ich wäre wie die anderen. Sie sehen gut aus, ihre Charaktere sind perfekt." 12/2013

MUSIK + SEELE = VERBINDUNG

Wisst Ihr, was ich an Musik so bezaubernd finde? Der Enthusiasmus, der sich dahinter verbirgt, die Gefühle, die einen durchströmen, als würde man das volle Bewusstsein verlieren.

Sobald die Melodie in meine Ohren dringt, gleite ich mit ihr über die verschiedensten Akkorde und Tonleitern, über die Quinte und die Quarte, über Moll und Dur. Die Saiten meiner Gitarre, wenn ich mit dem Plektrum darüber streiche, dringen in meine Knochen, als wäre ich tief mit ihnen verbunden. Die Tasten auf meinem Keyboard umgeben mich mit den Noten, der Melodie, wenn ich darauf spiele, und lassen mich ein eigenes Lied komponieren. Die Musik befreit mich und lässt mich für einen Moment den Alltag vergessen.

Musik war von klein auf mein bester Freund, mein Beschützer in der Not und meine Stütze in jeglichen Lebenslagen. Wenn ich unten war, puschte sie mich hoch, und wenn ich bereits oben war, gab sie mir das Gefühl von Glück. Musik war und ist mein Fels in der

Brandung, der Mittelpunkt meines Lebens, die Sonne, die jeden Morgen aufgeht. Wenn meine Angst vor dem Bösen mich überwältigte, war die Musik das einzige Hilfsmittel. Wenn ich Musik hörte, wusste ich, dass ich mit all dem nicht allein war. Durch die Musik habe ich gelernt, dass ich nicht perfekt bin und sein muss. Dass niemand perfekt ist. Ich habe Dinge getan, die unerklärlich sind, und Dinge zugelassen, die ich nicht tun wollte und am Ende des Tages bereut habe – aber so bin ich. Das zeichnet mich aus. Meine Fehler sind wie Narben, manche sind sichtbar und andere sehr gut versteckt. Manche sind zu groß, um sie zu verstecken. Aber Musik vernarbte die Wunden, bevor sie in der Lage waren, vollkommen aufzureißen und mich in den Abgrund zu ziehen.

Als kleines Kind summte ich immer die Töne vor mich hin und begann zu glauben, dass ich irgendwann die tollste Sängerin auf dem ganzen Planeten werde. Sobald ich in meinem Barbiekleid steckte, fühlte ich mich wie eine Prinzessin, die nur noch darauf wartete, dass der Prinz in Strumpfhose auf einem Pferd zu mir galoppiert kam. Irgendwann würde ich in einem prächtigen Schloss wohnen, die reichste Frau der Welt sein und jedem Menschen helfen, der Hilfe bräuchte. Heute lache ich darüber, aber früher habe ich eben daran geglaubt. An all die Märchen, die man mir erzählte, an all die Feen, Prinzessinnen, Kobolde und bösen Hexen, die unter uns lebten. Selbst an Hogwarts glaubte ich. Auch wenn ich die *Harry-Potter*-Filme total gruselig fand und Angst vor Voldemort hatte, wollte ich immer ein Teil von etwas Gutem sein. Ein Teil von Menschen, die sich von anderen unterschieden und vielleicht nicht im Mittelpunkt standen, aber trotzdem die Welt veränderten. Zu solchen Menschen wollte ich immer gehören.

MEIN ERSTES VIDEO: SARAH CONNER – "BEDINGUNGSLOS"

Kennt Ihr das Gefühl, dass Ihr nicht in diese Welt reinpasst? Habt Ihr schon manchmal darüber nachgedacht, abzuhauen? Einfach wegzugehen und alles hinter Euch zu lassen, nur um zu gucken, ob Euch jemand folgt? Ob Ihr überhaupt jemandem etwas bedeutet? Diese Gedanken hatte ich schon ziemlich oft.

Ich habe immer gedacht, die Welt sei perfekt. Aber die Welt ist nur perfekt mit all ihren Fehlern, mit all ihren Katastrophen. Und die Menschen sind nur ein Teil davon. Wenn es sie nicht geben würde, würde die Welt trotzdem existieren.

Früher habe ich gedacht, dass es Freunde in jeder Ecke gibt. Verliere ich mal einen, ist das nicht so tragisch – ich werde neue finden. Denn das Leben ist wie eine Zugfahrt, manche begleiten mich bis zur Endstation und manche steigen vorher schon aus.

Ich bin gerne allein, reise gerne allein

und betrachte die Welt mit meinen Augen und bilde mir dadurch meine eigene Meinung. Und trotz allem bin ich jemand, der immer gerne für einen anderen da ist. Falls jemand Hilfe braucht, stehe ich sofort zur Stelle und tue alles Nötige.

Schon lange lebte ich mit dem Gedanken, auf *Facebook* ein Video von mir hochzuladen, in dem ich ein Lied gebärde. Aber ich hatte Angst. Denn bin ich einmal in der Öffentlichkeit, bin ich ein leichtes Ziel und jederzeit angreifbar. Mir war klar, dass ich von niemandem erwarten konnte, mich so zu akzeptieren, wie ich bin, wenn ich selbst nicht anfange, mich zu akzeptieren. Also beschloss ich, mit dem Ganzen eine Weile zu warten, bis ich mich selbst lieben lernte. Aber mein Hobby war mir wichtig, und ich wollte unbedingt die Meinung anderer hören. Ich musste wissen, ob es den Leuten gefällt und ob es sich lohnt, da weiter dranzubleiben. Ob ich überhaupt dafür geschaffen bin. So viele Fragen und auf alle wollte ich eine Antwort.

Der 18. Oktober 2015 war der Tag, an dem ich endlich den Mut fand. An diesem Tag schaffte ich es, das Lied von Sarah Conner zu drehen. Auf die Qualität legte ich keinen Wert und auch nicht darauf, wie ich aussah. Mein Gesicht wurde nicht mit Make-up bedeckt, meine

Wimpern hatten kein Mascara und meine Lippen keinen Lipgloss. Ich hatte nur ein braunes lässiges Sweatshirt an und eine Jogginghose. Ich sah nicht aus wie eine Schönheit, aber es war mir egal.

Ich stellte mein altes Smartphone mit der Frontkamera auf die Fensterbank, ließ die Musik von meinem Laptop laufen und fing an, zu gebärden und mich der Musik hinzugeben. Natürlich klappte das nicht beim ersten Durchgang. Ich brauchte etliche, bis ich zufrieden war und es auf *Facebook* hochlud. Ich hatte mir bereits eine eigene Seite erstellt mit dem Namen „Cindy DGS-Songs", den ich nach paar Monaten auf „Cindy Klink" änderte.

Ich weiß noch zu gut, wie die Spannung mit jeder Sekunde stieg. Meine Gedanken bestanden nur noch aus Fragen:

Wie wird es rüberkommen?

Soll ich das Video direkt löschen, wenn es keinem gefällt?

War die Musikauswahl gut?

Ist mein Auftreten akzeptabel?

Wird mich jemand wegen der Zahnlücke auslachen?

Als es schlussendlich hochgeladen war, schmiss ich mein Handy aufs Bett, schaute in den Spiegel und schrie: „Was hast du getan, Cindy?"

Als ich nach zehn Minuten wieder auf mein Handy blickte, merkte ich, dass noch niemand das Video gesehen hatte. War ja wohl kaum anders zu erwarten, denn schließlich kannte keiner meine Seite. Nach einer Überlegung, was ich tun könnte, teilte ich es auf meinem Profil. Warum war ich nur vorher nicht auf diese bescheidene Idee gekommen? In solchen Momenten merke ich manchmal, wie blond ich wirklich bin.

Nach wenigen Minuten kamen die ersten Likes und Kommentare.

„Super gemacht! Weiter so."

„Du hast echt viel Mut! Klasse!"

„Finde es echt toll, man merkt, dass du Spaß dran hast."

„Danke dafür, das hat mich sehr berührt. Dass man mit den Händen so viel Gefühl vermitteln kann, wow."

„Perfekt übersetzt! Respekt für deine Schnelligkeit beim Gebärden!"

Nachdem ich all das las, lebte ich an diesem Tag nur noch von diesem Dauergrinsen im Gesicht.

Ich war so überrascht, dass es Menschen gefiel, was ich da für drei Minuten gemacht hatte. Die Likes häuften sich und häuften sich. Meine Eltern waren stolz auf mich, gaben mir einen Lobesklatscher auf die Schulter und nahmen mich in den Arm. Sie wussten nur zu gut, welche Kraft ich dafür gebraucht hatte.

Natürlich war die Qualität nicht die beste. Wenn ich es mir heute anschaue, denke ich nur: „Oh Gott! Furchtbar!“ Aber hey, jeder fängt klein an und ich auch. Ich kann nicht erwarten, direkt die Beste zu sein, ich kann aber besser sein als gestern. Dass ich früher ziemlich steif vor der Kamera stand bzw. saß, ist normal. Ich wusste nicht, wie ich es besser machen sollte. Soll ich mich jetzt zu der Musik bewegen oder ist das zu viel? Nein, bleib einfach gerade, sonst denken alle, du bist bescheuert. Über solch einen Blödsinn habe ich mir früher Sor-

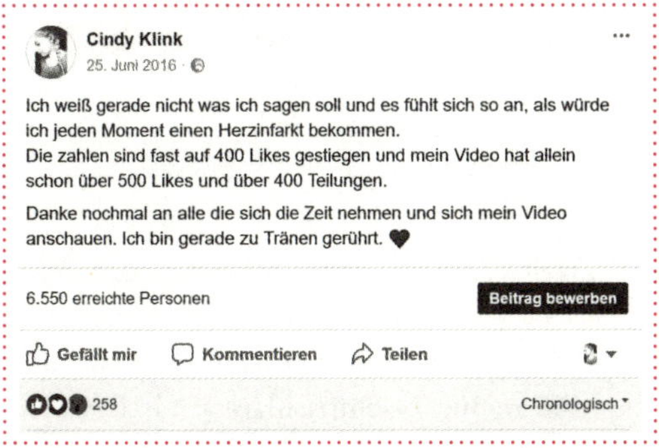
Cindy Klink
25. Juni 2016 ·

Ich weiß gerade nicht was ich sagen soll und es fühlt sich so an, als würde ich jeden Moment einen Herzinfarkt bekommen.
Die zahlen sind fast auf 400 Likes gestiegen und mein Video hat allein schon über 500 Likes und über 400 Teilungen.

Danke nochmal an alle die sich die Zeit nehmen und sich mein Video anschauen. Ich bin gerade zu Tränen gerührt. ♥

6.550 erreichte Personen — Beitrag bewerben

Gefällt mir · Kommentieren · Teilen

258 · Chronologisch

gen gemacht. Heute würde ich am liebsten auf der Bühne stehen und einfach lostanzen, bis der Arzt kommt.

Heute hat das Lied über 400 Likes und 24.000 Aufrufe. Keine Meisterleistung für andere, aber für mich schon. Es war schließlich mein erstes Video und es kam trotz allem gut an.

EWIG – "EIN GESCHENK"

Das zweite Lied ist aus Spontaneität entstanden Das Video hat eine noch schlechtere Qualität als das erste. Es wurde im Dunkeln gemacht, und ich habe meine Nachttischlampe als Beleuchtung benutzt. Aber auch hier habe ich gesehen, dass es nicht wirklich auf die Qualität ankommt, sondern auf die Person, die dahintersteckt, und darauf, welche Arbeit hier dargestellt wird.

Bei dem Lied habe ich ganz konkret an meine Mutter gedacht. Sobald ich es hörte, spürte ich ihre starke Hand auf meiner Schulter und sah vor mir ihr Lächeln im Gesicht. Sie ist der einzige Mensch, der immer verlangte, mich zu melden, wenn ich irgendwo heil angekommen bin, und sie wollte immer Nachrichten zwischendurch bekommen, damit sie sich keine Sorgen machen musste. In den traurigsten Tagen war sie für mich da, hat meine Hand gehalten und gesagt: „Mit etwas Stärke, mit etwas Mut und mit etwas Hoffnung wirst du alles erreichen, was du dir je erträumt hast."

Manchmal habe ich das Gefühl, meine Mutter hat einen unsichtbaren Heiligenschein über dem Kopf. Zu oft habe ich den Satz: „Du bist nur eine Mutter“ angewandt; dabei ist meine Mutter in der Tat eine Mutter, aber nebenbei ist sie Köchin, Lehrerin, Bedienerin, Krankenschwester, Schiedsrichterin, Fotografin, Taxifahrerin, Vorleserin, Ratgeberin, Eventplanerin, Anwältin und Psychologin. Meine Mutter hat mir all meine Ängste fortgejagt, auch die Monster unter meinem Bett. Ihre Zeit ist kostbar, genau wie unsere, und erst jetzt habe ich gelernt, sie wertzuschätzen. Nebenbei habe ich gelernt, dass ich niemals mit einem Problem allein bin, denn sie wird es immer mit mir bewältigen, wenn ich es zulasse.

Ich kann nicht verleugnen, dass wir eine schwierige Zeit miteinander hatten. Denn als die Depressionen immer schlimmer wurden, wollte ich von niemandem Hilfe annehmen. Nicht mal von ihr, von meinem Vater oder von meinen Freunden. Aber meine Mutter hat mir immer ein Taschentuch gereicht, mir die Tränen getrocknet und versucht, mich wieder zum Lachen zu bringen – auch wenn sie den Grund für die Depressionen nicht kannte oder verstand, versuchte sie mir zu helfen, dass meine Welt wieder heil wurde. Sie hat versucht, mich stark zu machen, sie hat mich umarmt und die Erfolge mit mir geteilt.

ELLIE GOULDING – "LOVE ME LIKE YOU DO"

Wenn Liebe mich erblinden lässt und ich mich der Vollkommenheit hingebe, dann sind die Ängste und Verluste nicht mehr von Bedeutung. Er war meine Heilung. Den Schmerz, der mich innerlich quälte, konnte er in Sekundenschnelle verfliegen lassen. Mit ihm wollte ich ein Leben wie Oma und Opa und nicht wie Romeo und Julia. Mit ihm alt werden, zusammen draußen sitzen und unseren Enkelkindern beim Spielen zusehen, während er an seiner Pfeife rauchte und ich strickte. Glaubt mir, ich habe mir ziemlich viele Szenarien ausgemalt, was hätte passieren können. Wie unsere Hochzeit aussehen würde, wie unsere Kinder hießen, wie unser Haus aussähe. Denn wir waren drei Jahre zusammen und es sprach alles dafür, dass es soweit kommen würde. Nun, wie jede nicht funktionierende Beziehung endete diese auch, nachdem er zugab, jemand anderen, „besseren" gefunden zu haben als mich.

Zu dem Zeitpunkt, als ich mein drittes Video aufnahm, war ich noch mit ihm zusammen, deswegen konnte ich mich sehr gut in das Lied hineinfühlen, und es war auch an ihn gerichtet. Während ich diese Zeilen schreibe und darüber nachdenke, frage ich mich wirklich, ob die Zeit, die ich mit ihm verbracht habe, wirklich die beste war. Denn schließlich hat sie mich einiges gelehrt, was ich nicht unbedingt noch mal erleben möchte.

JOEL BRANDENSTEIN – "DIESE LIEBE"

Ich habe immer gedacht, dass das Schicksal etwas ist, was einem nur Grausames schenkt. Niemals habe ich gedacht, dass es einem auch ein Lächeln ins Gesicht bescheren kann. Wenn man natürlich bedenkt, was ich all die Zeit erlebt hatte, war das Positive leicht zu übersehen. Doch der Schein trügt. Ein bisschen Glück darf ein Mensch auch haben. Er darf auch mal aus der Menge herausstechen.

Diesmal drehte ich ein Lied von Joel Brandenstein; wie immer saß ich in meinem Zimmer auf einem Stuhl, mein Smartphone stand auf der Fensterbank und die Musik lief über meinen Laptop ab. Erneut gab ich mich der Musik hin und versuchte allen klarzumachen, dass Liebe weder ein Solo noch ein Duett ist, Liebe ist das Gesamtpaket der Musik.

Das Stück „Diese Liebe" von Joel Brandenstein hat mich bis in meine tiefsten Fasern berührt. Er beschreibt allein schon diesen Liebeskummer in seinen perfekten Worten und versetzt ihnen einen besonderen Glanz. Für mich war das ein harter Rückschlag, als ich den geliebten Menschen verloren habe und er nicht mehr da war, als ich ihn am meisten brauchte. Wahrscheinlich hat das jeder schon erlebt und ist in einen tiefen Liebeskummer gefallen. Anstatt mich in Tränen zu ertränken, ertrank ich in den Noten, in der Stimme, die am Ende meine eigenen wurden. Die Definition von Liebe kann sich jeder selbst bilden, ich habe meine eigene: zwei Menschen, die sich gegenseitig der Freiheit berauben und aus Dankbarkeit mit Liebe beschenken.

Bei jedem Lied, das ich jemals übersetzt habe, geschah das nicht „einfach so". Es steckt immer was dahinter, Verbundenheit und eine Geschichte.

Mein Herz verlor vollkommen die Kontrolle, als ich nach einer halben Stunde meine Seite checkte. Ich saß fassungslos am Laptop, musste zweimal blinzeln, um es zu kapieren, und dann sprang ich auf, hüpfte vor Freude durch die Gegend und rannte damit direkt zu meinen Eltern, um ihnen das zu präsentieren:

Mein Herz raste. Und die Klicks stiegen … stiegen … und stiegen …

Ich hatte aus privaten Gründen ein halbes Jahr Pause eingelegt, und dass dann am Ende so was bei herauskommt, hatte ich nicht erwartet. Es war überwältigend. Ich habe Tränen vergossen – vor Freude.

Das Video hat heute über 300.000 Aufrufe, über zweitausend Likes und über eintausend Shares. Die Kommentare rühren mich heute noch. Die meisten beinhalten einfach nur Lob und Begeisterung für meine Arbeit. Das lässt mich wissen, dass ich meine Tätigkeit, mein Hobby gut mache. Das ist alles, was ich brauche, um weiterzumachen.

REMO – "DAS BLEIBT FÜR IMMER"

Das Lied habe ich wieder für jemanden übersetzt. Für eine tolle Person, die ein Fan der Band ist, und da der Sänger zu diesem Zeitpunkt bald Geburtstag hatte, wollte sie ihm eine Freude bereiten. Ich sagte sofort zu, aber ein Problem hatte ich hier nicht beachtet. Das Lied war mir völlig fremd, ebenso konnte ich den Text sehr schlecht heraushören. „Cindy, in *Google* findest du sowieso den Songtext", dachte ich mir und machte mir keine weiteren Gedanken. Da hatte ich mich leider zu früh gefreut.

Nein, in *Google* fand ich keinen Songtext. Ich suchte tagelang danach und fand nichts. Dann musste ich wohl ganz anders an die Sache ran. Ich nahm mir einen Stift und einen Block. Setzte meine Kopfhörer auf und spielte das Lied ab. *Die Musik höre ich schon mal, das ist gut. Hoffentlich verstehe ich auch den Text.*

„… schneller …" – Das war das Einzige, was ich am Anfang verstanden habe. Zehnmal wiederholte ich das Lied, zehnmal versuchte ich mich richtig anzustrengen.

Nein. Das funktionierte so nicht. Für eine Stunde zog ich meine Hörgeräte aus, ging verzweifelt durchs Haus und überlegte, was ich tun konnte. Nach einer Stunde versuchte ich das Ganze noch einmal.

„... Herzen schlagen schneller ... spüren dicke Luft ...“ – Nein. Da war wohl doch komplett was falsch. Das ergibt doch keinen Sinn. *Cindy, du bist fertig. Du kriegst das nicht auf die Reihe.*

Doch! Ich habe es auf die Reihe gekriegt. Meinen damaligen Freund hatte ich schließlich dazu verdonnert, das Lied so oft zu hören, bis er alles Wort für Wort niedergeschrieben hatte. Mir fiel einfach keine bessere Idee ein, aber er war hörend, er konnte viel besser hören als ich und würde nicht so schnell scheitern. Jedenfalls war ich ihm unendlich dankbar, und nach ein paar Tagen konnte ich das Lied auswendig und es drehen. Hier habe ich es auch endlich geschafft, mich mal ein bisschen zu bewegen. Am Anfang war ich noch relativ steif, aber in der Mitte wurde ich lockerer. Ich habe es endlich geschafft, die Kamera anstatt senkrecht mal waagerecht zu stellen. APPLAUS!!

JOEL BRANDENSTEIN – "NIE VERGESSEN"

Kennt Ihr den Moment, wenn Ihr ein Lied hört und Euch damit einfach identifizieren könnt?

Ich war und bin immer ein Mensch, der seine Freiheiten braucht, der gern mal für sich allein ist und nicht immer an jemandem hängen muss. Manchmal gibt es aber Menschen, die das nicht verstehen, weil sie es nicht anders kennen, und somit trennen sich die Wege, weil keiner von beiden damit klarkommt. Erst nachdem wir getrennt waren, haben wir gemerkt, wie groß die Sehnsucht zwischen uns war. Mit der Zeit habe ich verstanden, dass Vermissen und Heimweh zwei verschiedene Wörter sind, aber das Gleiche bedeuten. In der Zeit hatte ich ihn vermisst, weil ich ihn hatte gehen lassen, nur weil ich meine Freiheiten brauchte. Und man konnte das mit Heimweh ersetzen, denn bei ihm fühlte ich mich zu Hause. Geborgen. Aber all das existierte nicht mehr. Es war zwar nur ein kurzer Moment, ein paar Tage, bis wir uns wieder vertrugen, aber es war trotzdem die Hölle.

Wisst Ihr, wenn Ihr nicht über Eure Probleme redet, ändert sich nichts daran. Wenn Ihr nicht bereit seid, Kompromisse einzugehen, dann seid Ihr auch nicht bereit für eine Beziehung. Denn sie besteht aus Geben und Nehmen, und das habe ich erst danach gelernt. Ich brauchte zwar meine Freiheit, aber ich musste auch akzeptieren, dass er nicht gerne allein war, und manchmal muss man Dinge opfern für die Menschen, die man liebt.

BASIC FT. SAFO – "SO VIELE FRAGEN"

Was ist Leben? Welche Entscheidungen waren gut? Welche waren falsch? Gibt es überhaupt richtige Antworten auf falsche Fragen? Sobald ich eine Antwort finde, ändert sich die Frage.

Ein junger Rapper hatte mich vor einiger Zeit mal angeschrieben und gefragt, ob ich sein Lied übersetzen könnte. Diesmal war ich nicht so dumm und hatte direkt nach dem Text gefragt. Bevor ich mir das Lied überhaupt anhörte, las ich mir erst mal den Song durch und ich muss sagen, dass es mich sofort umgehauen hat. Denn es entsprach alles der Wirklichkeit.

Als ich das Lied endlich abspielte, war ich ein bisschen überfordert. Das Lied war zu schnell für mich und der Text einfach zu kompliziert, um alles zu übersetzen. Aber ich wollte nicht aufgeben, ich übte und übte und übte. Timo musste echt lange warten, und ich bin wirklich für seine Geduld dankbar. Drei Monate vergingen, bis ich endlich mich selbst ermahnte und das Lied täglich übte. Mir war es egal, wie viel Zeit ich vergeudete, ich wollte, dass es gut wird. Es musste gut werden. Und am Ende, als es endlich hochgeladen war, waren alle begeistert. Ich hatte mich selbst auf die Probe gestellt, und seitdem habe ich mich in das Genre HipHop verliebt und gemerkt, dass man dabei am besten tanzen kann.

WEIHNACHTSLIEDER

Ob Ihr es nun glaubt oder nicht, Weihnachtszeit ist die beste Zeit! Ab fünf Uhr ist es schon dunkel, und wenn ich von der Arbeit nach Hause komme, brennen die Lichter im Vorgarten. Sobald ich das Haus betrete, umgibt mich der Duft von Marzipan, Lebkuchen und Tannen. Abends, wenn ich mit der Familie einen Weihnachtsfilm schaue, betrachte ich gerne nebenbei unseren Weihnachtsbaum, und in diesem Moment bin ich glücklich.

Mit meinen beiden jüngeren Geschwistern eröffne ich jedes Jahr die Weihnachtsbäckerei in unserer Küche, und manchmal singen wir herzlich mit und bekleckern uns mit Teig und Mehl. Jedes Jahr suche ich mir zwei bis drei neue Rezepte aus und versuche, sie so gut wie es geht nachzumachen. Meistens schmeckt es dann trotzdem, auch wenn sie nicht so aussehen.

Manchmal verband ich mein Handy mit meiner Box und ließ Lieder wie „Last Christmas", „Rudolph the Red Nosed Reindeer", „All I Want for Christmas Is You", „Little Drummer Boy" und vieles mehr laufen. An Heiligabend schauen wir uns die drei Filme von Santa Claus an, während meine Mutter uns bekocht und der Geruch uns hungrig macht. Die ganze Familie sitzt dann immer an einem Tisch und es werden Drei-Gänge-Menüs serviert. Danach warten wir in meinem Zimmer gespannt auf den Weihnachtsmann und nach einer guten halben Stunde liegen unter dem Weihnachtsbaum Dutzende verpackte Geschenke für alle. Jeder öffnet seine Geschenke, damit alle anderen die Begeisterung in den Augen miterleben können, und zu guter Letzt kommen immer meine Eltern. Anschließend ist *Kevin – Allein zu Haus* und *Kevin – Allein in New York* angesagt, und während wir unsere Geschenke bewundern, naschen wir nebenbei Kekse und lachen über dämliche Witze.

Ein Fest voller Liebe.

Ein Fest mit der Familie.

Ein Fest des Zusammenhalts.

Nach Weihnachten kommt Neujahr, ein Fest der nie gehaltenen Vorsätze, die ich jedes Jahr erneut in mein Sektglas gieße. Ich wollte öfter rausgehen, die Welt sehen, die Nachrichten jeden Abend mitverfolgen und die Zeitung einmal wöchentlich lesen. Mich im Fitnessstudio anmelden, mal meine Träume angehen und bisschen Zeit für mich nehmen und mehr

Bücher lesen aus der Kategorie Weltklassiker. Neue Konzepte und Projekte entwickeln, mich sozial engagieren und mehr für die Welt tun. Neue Lieder hören, öfter für meine Familie da sein, öfter mal ausgehen und einfach die Sau rauslassen. Wie jedes Jahr scheitere ich schon nach dem zweiten Tag daran und gehe deshalb dieselben Vorsätze im nächsten Jahr erneut an. Eine endlose Schleife. Veränderungen, für die wir nicht bereit sind, geschehen niemals.

BÖHSE ONKELZ – "FÜR IMMER"

Wenn Ihr dieses Video gesehen habt, wisst Ihr bestimmt, was man hinter mir sehen kann: den Kölner Dom. Ein Kumpel von mir meinte, ich solle mal in der Öffentlichkeit ein Video drehen, denn das wird die Leute anlocken. Mir war aber eher mulmig zumute. Ich war es immer gewohnt, allein vor der Kamera zu stehen und keine Zuschauer zu haben. Es gingen so viele Leute vorbei, mit einem fragenden Blick, was ich wohl mit meinen Händen machte. Manche haben mich angelächelt und sind weitergegangen.

Das Video ist eine Woche nach meiner Vergewaltigung entstanden. Ich habe gemerkt, was für einen Fehler ich begangen hatte, und es bereut, dass ich mit meinem Ex Schluss gemacht hatte, aber der hatte bestimmt eine Neue. Erst da habe ich begriffen, dass ich ihn gehen lassen habe wegen einem Mann, der nur „das eine" wollte. Wenn Ihr jemanden liebt und merkt, dass er Euch vollkommen macht, aber trotzdem zweifelt, weil es nicht so perfekt ist, wie Ihr es wollt, dann lest die folgenden Worte ganz genau: Niemand ist perfekt – nichts ist perfekt – weder eine Beziehung noch ein Mensch noch irgendwelche Dinge, die davon gezeichnet sind.

Nichts funktioniert einwandfrei. Denn im Laufe der Jahre gehen immer mehr Dinge kaputt, die man reparieren muss. Heutzutage ist es aber leider so, dass sie oftmals ausgetauscht werden, weil neue Waren besser sind als die alten. Ebenso ist das bei Menschen. Wir ersetzen sie zu schnell, anstatt konsequent an unseren Beziehungen zu arbeiten. Wie gesagt: Keine Beziehung ist perfekt. Und ich habe genau den Fehler gemacht: Nachdem ich etwas scheinbar „Besseres" kannte, hab ich ihn einfach ausgetauscht und wurde daraufhin eines Besseren belehrt.

IST DAS ALLES EIN PROJEKT?

Ziemlich oft wurde ich gefragt, ob meine Videos irgendeinen Zweck erfüllen oder ob sie es überhaupt sollten. Eine ziemlich gute Frage, auf die ich lange nach einer Antwort suchen musste. War alles, was ich tat, nur ein Test, um zu schauen, ob die Leute darauf reagieren und ob es ihnen gefällt?

Nein. Es war kein Test. Es war kein Projekt. Es ist kein Test. Es ist kein Projekt.

Es ist MEIN HOBBY.

Wenn ich mir ein Lied anhöre und es meine Seele berührt, dann suche ich mir ziemlich schnell den Text raus und fange an zu übersetzen. Währenddessen betrachte ich mich im Spiegel, sehe zu, wie meine Hände mit der Melodie eins werden, und fange an, mich hineinzufühlen.

Am Anfang habe ich mir überhaupt nichts dabei gedacht, was ich mit meinen Videos bezwecken will. Heute weiß ich, dass ich meine Gefühle dadurch vermitteln möchte.

Denn ich kann nicht zeichnen, jedenfalls nicht mit Farben, weil ich mit Buntstiften und Pinseln einfach nicht begabt bin. Aber ich nehme die Musik und jede freie Minute meiner Freizeit und male Euch ein Bild mit Gefühlen und Händen. Ich möchte jeden Einzelnen daran erinnern, dass niemand allein auf der Welt ist und dass alles Schlechte und selbst die schlimmsten Zeiten mal vergehen.

Für diese Erkenntnis habe ich eine Weile gebraucht. Schließlich weiß ich selbst, dass Worte manchmal nur Worte sind und dass alles leichter gesagt ist als getan. Aber ich weiß auch, dass alles viel schwieriger wird, wenn man den Glauben an sich selbst verloren hat.

MEIN ERSTER AUFTRITT

Gleich geht es nach Trier. Ich habe mich gerade noch fertiggemacht, in letzter Minute. Oh mein Gott. Entschuldigung, dass meine Hände so zittern. Oh mein Gott. Ich bin so aufgeregt. Ich habe Angst, dass ich versage.

Das waren meine ersten Worte, als ich die Kamera auf *play* drückte und irgendwas sagen wollte. Aber irgendwie kam nichts Gescheites aus meinem Mund, weil ich vor Aufregung fast die Kamera fallen gelassen habe und erst mal die Kontrolle dafür brauchte.

Zunächst wusste ich nicht mal, was ich anziehen sollte. Ich öffnete meinen Kleiderschrank und habe mir dabei nur gedacht: Warum hast du nicht früher reingeguckt und dir dann entsprechend neue Kleidung besorgt? Aber nein, auf diesen Gedanken kam ich nicht. Davor hatte ich alles andere zu tun, ich musste die ganzen Lieder lernen. Auswendig. Das war mir einfach wichtiger als mein Aussehen. Das war wohl ein ziemlich dummer Plan.

Ich habe meinen Kleiderschrank richtig ausgeräumt und alles, was ich hässlich fand, zu Boden geschmissen, bis meine Mutter reinkam und mich daran erinnerte, dass ich in einer Stunde losmusste. „Ich habe aber nichts zum Anziehen!“, brüllte ich sie stattdessen an und begann fast zu heulen. Wie ein kleines Kind, das sein Eis nicht bekam. Was machte meine Mutter? Sie lachte mich aus: „Dein Kleiderschrank ist überfüllt und du findest nichts zum Anziehen? Das ist deine größte Sorge? Was ist, wenn du den Text während des Auftritts vergisst, das ist viel schlimmer!“ – „Wow, danke Mama! Du kannst einen echt sehr gut aufmuntern.“

Angepisst versuchte ich mir irgendwas einfallen zu lassen, während meine Mutter ein paar Kleidungsstücke vom Boden aufhob und mich fragte: „Zieh doch das an?“ Meine Antwort darauf: „Spinnst du? Ich will doch nicht so aussehen wie du!“ Das hätte ich wohl lieber lassen sollen Letztendlich zog ich doch das an, was mir meine Mutter vorgeschlagen hatte, und ging dann anschließend ins Bad und habe mich geschminkt.

Nein, ich schminke mich nicht gerne. Aber durch die Antibabypille bekomme ich ziemlich viele Pickel, die ich nicht gerne bei so einem Auftritt zeigen möchte. Mit Make-up und Puder versuchte ich sie so gut wie es ging zu vertuschen und verwendete wie jeden Tag Mascara, weil meine Wimpern blond sind. Wenn ich mal keins trage, denkt man, ich hätte keine Wimpern, und das sieht gruselig aus.

Nachdem ich endlich fertig und am Veranstaltungsort war, spürte ich meine Beine nicht mehr. Ich war zu aufgeregt, mir war mulmig zumute und ich wusste nicht, ob ich das alles hier überleben würde. Noch nie stand ich so im Rampenlicht.

Als der Einlass begann, zitterten meine Hände noch mehr und Ralf, der Veranstalter, versicherte mir, dass ich es prima darbieten werde. Aber ich war mir nicht so sicher. Neun Lieder hatte ich innerhalb einer Woche auswendig gelernt, das würde ich niemals schaffen, dachte ich.

„Herzlich Willkommen. Heute Nachmittag haben wir zum ersten Mal ein wunderbares Konzert mit einer internationalen Zusammenarbeit“, grüßte Ralf die Zuschauer, während ich kurz davor war, die Nerven zu verlieren. Daraufhin stellte er Majid, Farid und Bahare vor, drei Freunde von Ralf aus dem Iran, die mich bei zwei Liedern begleiten würden. Danach stellte er mich vor und meine Familie, die angeblich stolz auf der Bank saß und sich freute, dass ich vorne stand.

Das erste Lied, das ich mit Farid, Bahare und Majid aufführte, war „Hallelujah“ von Leonard Cohen. Ein wundervolles Lied, das vieles mit der Religion in Verbindung setzt und oft in Filmen verwendet wurde. „Hallelujah“ war mir aber zunächst leider unbekannt, deswegen brauchte ich, um das Lied auswendig zu lernen, die meiste Zeit. Ich wollte nicht eins zu eins übersetzen, denn das würde niemand verstehen; also versuchte ich, mit dem Lied eine Geschichte aufzubauen, und wie es aussah, gelang es mir. Jedoch musste ich bei dem ersten Lied ziemlich heftig zittern und mich konzentrieren aus Angst, den Text zu vergessen und komplett aus dem Ruder zu laufen. Denn die Sängerin Bahare sang den Text etwas langsamer als Leonard Cohen, und mit nur einmal Probe war es echt schwer, da eins zu werden.

Daraufhin folgten sieben Lieder, die ich allein präsentierte, nur von der Musikbox begleitet. Und zu guter Letzt kam das Lied „Million Years Ago“ von Adele. Wer kennt das nicht? In jungen Jahren wollte man genauso sein wie die Erwachsenen, weil man dachte, sie hätten ein einfaches Leben. Man tut Dinge, weil man denkt, die Zeit reinigt alles. Doch dann wird man erwachsen, stellt fest, dass sich die Fehler nicht mit einem Radiergummi korrigieren lassen und man mit manchen auf ewig konfrontiert wird.

Jemand hat mal gesagt, wenn man die Augen schließt, hört sich der Applaus wie Regen an. In diesem Moment, als ich am Ende angelangt war, musste ich für einen Moment die Augen schließen. Der Applaus war so mächtig, stärker als jedes andere, und übermannte mich sofort. Ich war fassungslos, gerührt und voller Dopamin. Man rief nach Zugaben, da ließ ich die Zuschauer nicht lange warten und es folgte „Polairod" von Joel Brandenstein. Ein Sänger, der meine Leiden eins zu eins beschreibt, der versteht, was Schmerz und Verlust bedeuten und dass Liebe ein Wort ist, das oftmals missbraucht wird. Bei diesem Lied konnte ich alles, was ich verdrängt hatte, für den einen Moment fühlen.

Nach dem Auftritt haben sich viele Menschen mit mir unterhalten und gefragt, wie ich darauf käme, die Lieder zu übersetzen. Nun ja, schon als kleines Kind liebte ich die Musik und irgendwann beschloss ich, dass die Musik auch beginnt, mich zu lieben, und wir wurden eins. – Nein. Scherz. Zu viel Poesiekack. Meine Religionslehrerin hatte mich vor meinem Abschluss angesprochen und vorgeschlagen, „Imagine" von John Lennon zu gebärden.

Ich? Allein da oben?

Aber dann hatte ich es doch gemacht, und so nahm alles seinen Lauf.

Mein erster Auftritt war eine Erfahrung, die ich immer und immer wieder erleben will. Den Leuten zu zeigen, was passiert, wenn meine Last von den Schultern gleitet und einfach verschwindet, als wäre sie nie dagewesen. Mit der Musik kann ich die Freiheit spüren – und mit jedem Tag sehne ich mich immer mehr danach.

AUSBILDUNG, KONFLIKTE UND BERUFSSCHULE

Musik ist dennoch mein Hobby. Beruflich mache ich eine Ausbildung zur Verwaltungsfachangestellten im öffentlichen und kommunalen Dienst. Kurz gesagt, ich arbeite in einer Verbandsgemeinde. Meine Tätigkeiten sind vielfältig, weil ich als Auszubildende in allen Bereichen eingesetzt werde. Mittlerweile habe ich gemerkt, dass meine Stärken enorm in juristischen Dingen liegen und es mir Spaß macht, in Gesetzesbüchern zu büffeln. Das ist jetzt mein drittes Ausbildungsjahr, und trotzdem habe ich noch ein Lehrjahr vor mir. Nein, es liegt nicht an meiner Dummheit. Der Grund, warum ich das erste Lehrjahr wiederholen musste, ist: Ich habe die Schule gewechselt. Von der Berufsschule in Gerolstein wechselte ich auf das Rheinisch-Westfälische Berufskolleg in Essen. Eine Schule, die auf Hören und Kommunikation spezialisiert ist. Die Berufsschule in Gerolstein war eine Schule für Hörende. Hierfür brauchte ich einen Dolmetscher, weil ich mit 34 Schülern in einer Klasse kaum dazu fähig war, irgendetwas aufzuschnappen, um dann auf die Fragen adäquat antworten zu können. Um einen Dolmetscher zu bekommen, musste ich bei der Agentur für Arbeit einen Antrag stellen. Ein halbes Jahr vor Ausbildungsbeginn stellte ich den mit der Begründung, dass ich ohne Hilfe den Lehrer sowie die Schüler nicht verstehen kann. Dass es für mich wichtig ist, meine Ausbildung erfolgreich abzuschließen und ich das nur mit einem Dolmetscher erreichen kann. Um so einen Antrag zu schreiben, bekam ich Hilfe vom HörBiz in Trier. Denn ich hatte überhaupt keinen Plan, wie man es am besten schildert und begründet und wie man die Menschen im Büro, die es lesen, überzeugt.

Wie erwartet kam nichts.

Ein weiterer Monat verging.

Nichts kam.

Ein halbes Jahr verging.

Nichts.

Schließlich schrieb ich ihnen eine Mahnung, wieder mit der Hilfe vom HörBiz, dass sie die zulässige Frist für die Antwort überschritten hätten und es endlich in die Wege leiten sollten, denn sonst mache ich das und schicke ihnen die Rechnung. Wie durch ein Wunder bekam ich eine Einladung zum Gespräch.

Dieses Gespräch war alles andere als wundervoll. Sie seien angeblich nicht der zuständige Kostenträger, das würde der Integrationsfachdienst IFD übernehmen. Mit einer geladenen Wut verließ ich das Gebäude, schrieb dem IFD eine E-Mail und bekam die Antwort, dass die Agentur für Arbeit doch der zuständige Kostenträger sei, denn sie wären nur für verbeamtete Auszubildende zuständig. Diese Information teilte ich dem Sachbearbeiter vom Arbeitsamt mit, und jetzt hieß es, ich müsse zunächst zwei Tests durchführen. Es sollte ein Gutachten über mich erstellt werden, ob ich die Ausbildung überhaupt schaffen kann und ob sich die Kostenübernahme lohnt.

Ich war wütend. Richtig wütend. Aber ich wusste, dass ich sie brauchte, also führte ich bemüht die Tests durch. Es gibt ein ärztliches Gutachten und ein psychologisches Gutachten von mir. Das psychologische Gutachten hatte ich bereits in der Realschulzeit durchgeführt, um zu schauen, ob ich das Abitur, was ich gerne machen möchte, schaffe. Dieser Test war positiv. Also konnte man daraus entnehmen, dass ich meine Ausbildung schaffen würde, und ich musste keinen neuen Test machen. Dann kam aber der entscheidende Knaller: Das ärztliche Gutachten sagte aus, dass ich nicht fähig sei, länger als drei Stunden am Tag zu arbeiten. Ich saß da und wusste nicht, ob ich weinen oder lachen sollte. Ich arbeite nicht im Akkord, ich habe keine Arbeit, die an die Grenzen meiner Gesundheit geht.

Aber das war noch nicht alles. Laut diesem Gutachten könnte ich aufgrund meiner Hörschädigung in der Berufsschule als Außenseiter gelten, weil ich dort „abnormal" wäre. Am liebsten hätte ich das Gutachten in Stücke zerrissen und die Ärztin gleich mit. Noch nie in meinem Leben hatte ich mich so gedemütigt gefühlt. Nach diesem Gutachten wollte der Sachbearbeiter wieder ein Gespräch mit mir, um nach einer Alternative zu schauen. Dummerweise ließ ich mich darauf ein. Seine erste Idee war ein operativer Eingriff, damit ich besser höre. Es ist nicht so, dass ich das nicht selbst im Blickwinkel hatte, aber erst nach meiner Ausbildung, erst, wenn die Hörgeräte nicht mehr ausreichten. Aber so was von ihm zu hören? Er soll nur die Kosten für die Dolmetscher übernehmen, nichts weiter.

Nein. Das wollte er aber nicht. Er schlug, mir vor, in Neuwied auf die Schule zu gehen, sie würden alles bezahlen. Selbst die Fahrtkosten. Nein, das wollte ich nicht. Ich möchte auf die Schule, die ich mir selbst ausgesucht habe.

Und am Ende stellte sich heraus, dass ich in Neuwied zusätzlich zur Berufsschule in Gerolstein hingehen müsste.

Schließlich schickte ich ihnen noch mal einen Brief, dass mir ein Dolmetscher zusteht und ich mir die Schule selbst aussuchen darf. Schon wieder kam nichts Gescheites zurück, nur eine erneute Einladung zu einem Gespräch. Jedes Mal, wenn ich sehnsüchtig auf den Bescheid wartete, kam am Ende nur diese lächerliche Einladung, die zu nichts führte. Als ich dort ankam, wollte ich ihnen am liebsten die Hölle heiß machen und fragen, was das soll: Zuerst weigern sie sich und behaupten, sie seien nicht der zuständige Kostenträger, dann muss ich diese blöden Tests durchführen, die nichts weiter als lächerliche Resultate hervorbringen, und dann kommt die Auswahl zwischen einer zusätzlichen Schule oder einem operativen Eingriff. Sie hatten wirklich nicht mehr alle Tassen im Schrank.

Es war nur noch eine Woche, bis die Schule anfing, und Dolmetscher in letzter Minute zu ergattern, ist mehr als nur schwierig. Aber ich habe es trotzdem geschafft. Da ich die Schule besuchen musste und das Arbeitsamt keinen anderen Ausweg wusste, übernahmen sie für einen Block die Leistungen und mir stand ein Dolmetscher zu.

Trotzdem stellte sich am Ende heraus, dass es nicht wirklich die Hürden überbrückte, die mich an dieser Schule erwarteten. Denn meine Lehrer verstanden mein Problem nicht; sie verstanden nicht, warum es so wichtig ist, laut und deutlich zu sprechen. Warum man sich dabei die Hand nicht vor den Mund halten sollte. Meine Mitarbeitsnote war im Bereich ausreichend, obwohl ich immer versuchte mitzumachen.

Meine Mitschüler nahmen aber ebenfalls keine Rücksicht. Wenn ich sagte: „Könnt ihr bitte aufhören zu quatschen, ich verstehe nichts und die Dolmetscher auch nicht", kam von ihnen nur ein genervtes Stöhnen. Der eine holte seine Trinkflasche aus dem Rucksack, der andere putzte sich die Nase, die eine schlug ihr Buch auf, der andere schmatzte beim Essen und die anderen murmelten vor sich hin, wie müde sie doch seien. Das alles störte mein Gehör, störte die Dolmetscher.

Nach zwei Blocks war mir klar: Ich werde durchfallen. Nachdem mir das bewusst wurde, suchte ich das Gespräch mit meinem Ausbilder und schilderte ihm die Situation. Vor dem Gespräch fühlte sich mein Herz schwer an, danach fühlte es sich an, als wäre es von allem befreit. Es tat so gut, halbwegs verstanden zu werden und dass man gemeinsam nach einer Lösung suchte. Letztendlich blieb nichts anderes übrig als ein Schulwechsel, aber ich dachte mir nur: Hauptsache, du bestehst die Ausbildung und kannst dann studieren.

Und so fügte sich eins nach dem anderen zusammen. Ich war gezwungen, das erste Jahr zu wiederholen, weil ich nur die Gesetze von Rheinland-Pfalz gelernt hatte und nun die Gesetze von NRW lernen musste und dort ebenso meine Prüfung absolvierte.

Mittlerweile sind schon fast zwei Jahre vergangen und ich habe keine Probleme mehr. Die ganze Schule kennt mich, sie kennen meinen Namen, sie wissen, was ich mache, sie wissen einfach alles von mir. Gehe ich morgens zur Schule, werde ich von Dutzenden Schülern begrüßt, die ich nicht mal kenne, geschweige je gesehen habe. Ich war immer die Unsichtbare, das Mädchen, das keiner kannte, und jetzt? Mich kennt jetzt hier jeder, und ich weiß noch nicht, wie ich dazu stehen soll. Einerseits ist das ein tolles Gefühl, andererseits sehne ich mich dadurch noch mehr nach Ruhe und Entspannung. Aber ich finde es auch faszinierend, immer mehr neue Leute kennenzulernen.

"IT'S NOT A HOBBY, IT'S A LIFESTYLE"

Wenn man mich fragt, was mein Hobby ist, dann ist meine Liste lang. Früher war Leichtathletik meine Sportart, die ich mit Leidenschaft ausübte. An etlichen Wettbewerben nahm ich teil, und im Alter von dreizehn durfte ich an einem Staffellauf für Frauen mitlaufen. Sprintstrecken lagen mir nicht, wenn sie kürzer als 200 Meter waren. Bei den meisten Wettbewerben qualifizierte ich mich für den 800-Meter-Lauf. Hier wurde ich einmal deutsche Meisterin, bei der Gehörlosen Deutschen Meisterschaft. Das war der Tag, an dem ich meine eigene Geschichte schrieb. Das war der Tag, an dem mein Vater mich in seinen Armen trug und vor Freude schrie. Das war der Tag, an dem mein Trainer stolz auf mich war. Und das war der Tag, an dem mir bewusst wurde, dass Leichtathletik nicht meine Sportart ist. Mit Leichtathletik habe ich nur angefangen, weil mein Vater Athlet ist und ich dachte, ich wäre irgendwann genauso gut wie er. Doch die Lust verlor ich von Jahr zu Jahr, denn das Training wurde immer anstrengender, und je mehr ich mich für den Kader qualifizieren wollte, desto eher machte ich mich kaputt. Mein Traum, an der Europameisterschaft und Weltmeisterschaft teilzunehmen, ging zwar nun dahin und ich trauere heute noch danach, aber es war trotzdem die richtige Entscheidung.

Als ich anfing, das Internat in Trier zu besuchen, als sich meine Noten aufgrund meiner häuslichen Verhältnisse verschlechterten, fing ich an, Gitarre zu lernen. Musik war ja schon immer etwas, was mich beruhigte; und ich dachte, wenn ich selbst Musik mache, ist das vielleicht ein Tick besser. Nach ein paar Unterrichtsstunden in einer Musikschule spielte ich als Gitarristin in der Internatsband, die sich *DeafTones* nannte. Wenn ich ehrlich sein soll, hat mir das nie wirklich Spaß gemacht. Denn erstens hatte die Sängerin keine tolle Stimme und die besten Lieder, die gecovert wurden, wurden ruiniert. Daneben bin ich eine Person, die dann Gitarre spielt, wenn ihr danach ist, und dann nur die Lieder, die mir auch gefallen, das war in der Band meistens nicht der Fall. Nach einer Weile brach ich den Unterricht in der Musikschule ab, weil mein Lehrer einfach nicht verstand, dass ich keine Unterschiede hören konnte, welche Akkorde jetzt richtig klangen und welche nicht, ob ich falsch oder richtig spielte, weil meine Hörbehinderung so ausgeprägt war. Er meinte: „Du hast doch Hörgeräte, also hör auf zu jammern.“ Hörgeräte oder andere Hilfsmittel reichen nicht aus, um alles zu verstehen. Es wird immer eine Lücke geben, die die Ärzte niemals füllen können.

Mittlerweile habe ich mir Gitarre und Keyboard selbst beigebracht, und jedes Mal, wenn ich anfange zu spielen, vergesse ich alles um mich herum. Viele fragen mich immer wieder, wie ich so was trotz meiner Behinderung spielen kann, sie könnten sich das gar nicht vorstellen. Meine Antwort ist dann immer: Beethoven verlor sein Gehör auch und spielte die neunte Symphonie! Es geht nicht immer nur um das Hören, bei der Musik geht es um das Fühlen.

Und da ich so tief mit der Musik verbunden bin, habe ich direkt nach meinem ersten Ausbildungsgehalt beschlossen, eine Tanzschule zu besuchen. Am Anfang war das für mich richtig komisch, plötzlich Ballett zu tanzen, wo ich früher immer so sehr auf HipHop stand. Und aufgrund der klassischen Musik, in der kein Beat eingebaut ist, ist das Ganze noch viel schwerer. Aber wenn es nach mir ginge, müsste man Ballett nicht auf klassische Musik tanzen. Nebenbei tanze ich noch Musical Jazz, dort tanzen wir jedoch nicht nur Jazz, sondern auch andere Richtungen.

Momentan ist Tanzen das Mittel, um meine Gefühle zum Ausdruck zu bringen, die durchdringende Musik, die meinen Körper schwerelos macht. Denn beim Tanzen möchte ich spüren, wie mein Körper schwebt. Ich möchte meine Ballettschläppchen anziehen und dabei spüren, wie mein Dopamin steigt. Das Feuer in meinem Körper will ich spüren, die Sonne in meinen Augen und die strahlende Energie in meinem Herzen. Ich möchte gelobt werden, wenn ich es gut gemacht habe, und kritisiert werden, wenn ich falsch stehe. Ich möchte den Boden unter meinen Füßen verlieren. Auf der Spitze stehen und die Schmerzen in meinen Zehen spüren. Den Rhythmus in meinem Körper fühlen. Ich möchte ein einziges Mal auf einer Bühne stehen, in einem rosa Tutu, und dabei meine Arme schwingen, als wäre ich bei Schwanensee. Danach will ich schnell sein, zappeln wie ein HipHopper und mit einer hautengen Lederhose durch die Welt tanzen. Meine Moves zeigen, meine Choreographie darbieten und nebenbei ein schwarz-weißes Engelkleid anziehen.

Denn wenn du nichts hörst, fängst du an, alles zu spüren. Du spürst sämtliche Melodien, die in dir leben. Als würden die Zellen in dir drin sich bewegen. Allein durch Tanzen vermittelst du so viel, und alles, was dich bedrückt, verschwindet in einem Augenblick.

Nebenbei gehören Bücher noch zu meinen Hobbys. Ich liebe es, Wörter zu verschlingen und Bücher von Anfang bis Ende durchzulesen. Mir ist es egal, zu welchem Genre es gehört, ob es ein Weltklassiker ist, ein Jugendroman, ein Thriller, ein Liebesroman oder das schlechteste Buch aller Zeiten. Ich versuche jedes Buch zu Ende zu lesen. Bücher haben das Talent dazu, einen in eine Fiktion zu verführen und sein Herz dort zu verlieren. Jedes Ende von einem Buch ist schmerzvoll.

Ich schreibe selber gerne kleine Gedichte, Texte und Geschichten. Ich bin ein ziemlich verträumter Mensch und wünsche mir manchmal ein anderes Leben. Ein Leben ohne diese Erfahrungen, ohne den Schmerz und ohne die dunklen Zeiten. Und den ganzen Kummer kann ich sehr gut aufs Papier bringen, ich finde dann immer die passenden Worte.

Mein kleines Geheimnis ist: Reisen. Mit einem vollgepackten Rucksack mache ich mich auf ins Abenteuer, ohne eine Ahnung, was auf mich zukommt, und obwohl ich weiß, dass ich etlichen Hindernissen begegnen werde, doch sie lassen mich vom Alltag wegschleifen. Kein einziger Gedanke ist verschwendet, es dreht sich nicht darum, was war, sondern um das Hier und Jetzt. Um die Gegenwart, um die ich kämpfen muss. Nach jeder Reise habe ich mich ein wenig verändert. Danach gewinne ich ein bisschen mich selbst zurück und das macht das Ganze zu einem wertvollen Ausflug ins Innere.

Mittlerweile habe ich noch mit einer neuen Sportart angefangen. Allein nur, um Sicherheit zu gewinnen, und weil ich gelesen habe, dass es gut für die Psyche ist. Besonders wenn es mir wieder schlechter geht, tut diese Sportart mir gut. Ich besuche eine Kampfschule und lerne Boxen und Muay Thai. Muay Thai ist Thaiboxen und gehört zu den gefährlichsten Kampfsportarten, die es gibt. Warum ich damit angefangen habe? Wenn man das Buch liest, müsste es jedem klar sein. Falls es ein nächstes Mal gibt, falls es noch einmal zu irgendwelchen Überfällen kommt, dann bin ich dazu fähig, mich zu wehren, halbwegs. Immerhin beherrsche ich dann die Techniken, die Kraft, die Kondition und gewinne an Sicherheit. Das Blöde ist zwar, dass in meiner Gruppe keine andere weibliche Person ist, aber ich werde von allen akzeptiert und man schaut mich nicht schief an, wenn ich einen Fehler mache. Im Gegenteil, sie verbessern mich, sagen mir, was ich falsch mache, und wenn ich es richtig mache, loben sie mich. So geben sie mir Motivation, weiterzumachen.

SHITSTORM GEGEN PHANTASIALAND

Heutzutage wird meine Behinderung zwar weitaus stärker akzeptiert als vor ein paar Jahren, dennoch merke ich, dass sie immer noch eine Barriere ist, die nicht zu überwinden zu sein scheint. Das habe ich letztens gemerkt, als der Shitstorm gegen *Phantasialand* unter den Gehörlosen herumging.

Phantasialand hatte beschlossen, dass Gehörlose keine Achterbahn mehr fahren dürfen, da sie in einer Gefahr auf fremde Hilfe angewiesen wären, denn sie könnten die Ansage durch eine Sprechanlage nicht hören. Als ich die Nachricht auf *Facebook* las, hielt ich das zuerst für einen schlechten Scherz. Ich liebe Achterbahnen und bin schon mit etlichen gefahren, und bisher stellte das nie ein Problem dar. Nach ein paar Recherchen stellte sich heraus, dass die Ansage der Wahrheit entsprach. Das war wieder einer dieser Momente, in denen ich dachte, soll ich jetzt weinen, schreien oder lachen? Die Wut in mir war nicht beschreibbar, ich fühlte mich von allen Seiten ausgeschlossen. Mir wurde das

Gefühl vermittelt: „Du bist gehörlos, bist ein Problem und hiermit verbannen wir dich aus der Gesellschaft!“

Wenn jeder Fahrgast plötzlich aussteigt und zum Ausgang rennt, bleibe ich doch nicht einfach sitzen und drehe Däumchen. Dann stehe ich auch auf und laufe der Masse nach. Im Nachhinein werde ich so oder so erfahren, was passiert ist. Und wenn ich doch plötzlich auf der Strecke stehen bleibe mit der Bahn, dann bin ich nicht dicht im Kopf und schnall mich ab, sondern warte, was passiert. Bei Gehörlosen dreht sich alles ums Auge, wir nehmen visuell sehr viel mehr wahr als ein *Hearie* (so bezeichnen die Gehörlosen einen Hörenden). Wir *Deafies* (so nennen wir uns, anstatt „taube Nuss“) besitzen auch ein Gehirn und sind genauso intelligent oder nicht intelligent wie jeder andere Hearie auch. Dafür braucht man uns nicht schlechter zu behandeln.

Jedenfalls darf ich heute Achterbahn nur noch in Begleitung eines Hörenden fahren, der in Gebärdensprache kompetent ist. Das Problem hierbei ist jedoch, ich kenne keinen Normalhörenden, der Gebärdensprache spricht und bereit wäre, mit mir einen Freizeitpark zu besuchen. Ich habe mit dem Landesverband der Gehörlosen in Nordrhein-Westfalen zusammengearbeitet, um eine Klage gegen *Phantasialand* wegen der Diskriminierung von Gehörlosen zu erheben, was leider misslang. Ich werde diesen Freizeitpark jedenfalls nicht mehr besuchen!

Jeder meint, uns erklären zu müssen, dass wir uns nicht schämen müssten, uns nicht ausgrenzen sollen. Aber in Wirklichkeit sind es die anderen, die uns ausgrenzen, und sie bemerken nicht einmal, was sie da tun.

Ich erlebe oft bei Menschen, wenn ich ihnen erzähle, dass ich nicht gut höre und Hörgeräte trage, dass sie meinen, mich anschreien zu müssen. Und mit anschreien meine ich wirklich anschreien. Da bekomme ich manchmal das Gefühl, dass mein Trommelfell gleich platzt. Besonders originell sieht es beim Gesprächspartner aus, wenn er seine Lippen derartig bewegt, dass man das Gefühl vermittelt bekommt, er sei gerade beim Zahnarzt gewesen und habe noch ein taubes Gesicht. Das sieht nicht nur bescheuert aus, sondern das verstehen wir umso schlechter. Ebenso gilt das für das Geschrei.

Dabei müsstet Ihr eigentlich nur drauf achten, dass Ihr deutlich und *ein wenig* lauter als gewöhnlich redet, aber nicht so laut, dass man das Gefühl hat, angeblafft zu werden.

Mittlerweile habe ich begriffen, dass ich von meinen Mitmenschen nicht erwarten kann, dass sie Rücksicht auf mich nehmen. Das ist nämlich selten der Fall, und wenn das mal der Fall ist, vergessen sie es schnell wieder und ich muss sie immer wieder daran erinnern. Daran habe ich mich mittlerweile gewöhnt und es ist okay, solange man mich akzeptiert und mich nicht schlechter macht, als ich bin. Ich habe einen Mitarbeiter, der nuschelt ziemlich, redet sehr leise und hat dazu noch einen Schnurrbart. Ihn zu verstehen ist absolut unmöglich, deswegen wirkt er bei meinen häufigen Nachfragen sehr schnell genervt und hat mich diesbezüglich mal drauf angesprochen. Das war ein unangenehmer Moment, denn wie sollte ich ihm beibringen, dass es an ihm liegt und ich seine Lippen nicht sehen kann? Ich achte sehr auf das Mundbild, das ist besonders wichtig für mich. Wenn jemand mit mir reden will, muss er mich angucken, damit ich seine Lippen sehen kann. Zwar kann man nur dreißig Prozent von den Lippen ablesen, aber der Rest lässt sich eins zu eins zusammenknüpfen. Das klingt wahrscheinlich sehr bizarr, aber ohne die Lippen verstehe ich so gut wie gar nichts. Es ist meine Stütze fürs Hören, trotz der Hörgeräte.

GEHÖRLOSE KÖNNEN NICHT SPRECHEN

Durch meine öffentliche Arbeit auf *YouTube* und *Facebook* habe ich gemerkt, wie wenig Wissen die Menschen über meine Behinderung haben. Wie viele Vorurteile existieren, wie viele Gerüchte sie in sich tragen. Hier die häufigsten:

GEBÄRDENSPRACHE IST INTERNATIONAL

Haha. Nein. Es gibt zwar die International Sign Language, das ist jedoch eine Pidgin-Sprache. So hat ein Gehörloser die Chance, trotz lokaler Sprachen, die er nicht kennt, sich mit den anderen verständigen zu können, denn sie hat einen sehr geringen Wortschatz und starke non-verbale Aspekte. Ansonsten: Jedes Land hat seine eigene nationale Gebärdensprache, darunter fallen ebenso Dialekte.

HÖRGERÄTE ERSETZEN OHREN, DAMIT HÖRT MAN WIEDER NORMAL

Nein, leider nicht. Ein Hörgerät ist nur ein Hilfsmittel, es ist kein Ohr. Damit werde ich niemals normal hören können.

GEHÖRLOSE KÖNNEN KEIN AUTO FAHREN, WEIL SIE DIE SIRENE NICHT HÖREN KÖNNEN

Ich weiß nicht, wie oft ich diesen dummen Satz gehört habe. Wenn das tatsächlich der Fall wäre, warum habe ich dann einen Führerschein? Natürlich ist das Erlernen viel schwieriger und ich habe mehr Fahrstunden gebraucht als üblich vorgesehen, aber trotzdem habe ich ihn bestanden. Es geht nicht ums Hören, sondern ums Sehen. Bei lauter Musik wird auch keiner die Sirene hören, sondern eher mit den Augen das Blaulicht erfassen.

GEHÖRLOSE SIND EINSAM

Ja klar, ich kann nicht hören, also bin ich von der Gesellschaft ausgeschlossen und lebe isoliert zu Hause. Nein, Gehörlose tun sich zusammen. Sie sind eine eigene Kultur, so bezeichnen sie sich auch. Selbst wir tauben Nüsse haben Freunde, Familien und etliche Bekannte. Einsam sind wir aus diesem Grund nicht.

Abgesehen davon habe ich auch Bekannte und Freunde, die hörend sind. Es ist gar nicht so abwegig, mit „Andersartigen“ abzuhängen, sondern mal was anderes!

DIE KOMMUNIKATION IST NAHEZU UNMÖGLICH

Wer die Gebärdensprache nicht beherrscht, hat es eindeutig schwieriger, aber eine Kommunikation muss ja nicht nur auf verbaler Ebene stattfinden. Sie kann nonverbal sein, schriftlich passieren, und allein durch Zeigen entsteht eine Kommunikation.

GEHÖRLOSE SIND ALLEIN HILFLOS

Oh, wenn das so wäre, dürfte ich gar nicht mehr allein unterwegs sein oder, noch schlimmer, allein in den Urlaub fahren.

GEHÖRLOSE KÖNNEN NICHT SPRECHEN

Wow, okay. Krass. Jeder Gehörlose, dem ich begegnet bin, konnte sprechen, auch wenn es monoton klang und die Laute nicht immer korrekt waren; trotzdem kenne ich keinen einzigen, der nicht sprechen kann.

GEHÖRLOSE MENSCHEN KÖNNEN NICHT TANZEN

Nur, weil man die Musik nicht hört, kann man nicht tanzen? Hier geht es nicht um das Hören, sondern um das Fühlen. Fühlst du den Bass? Fühlst du jede einzelne Melodie, die in dir zerspringt? Es gibt eine gehörlose Tänzerin namens Kassandra Wedel, vielleicht kennt der eine oder andere sie aus der Fernsehshow *Deutschland tanzt*. Sie selbst ist taub, tanzt aber, seit sie ein kleines Kind war, leidenschaftlich und ist beruflich nun Tanzlehrerin. Und ich besuche eine Tanzschule und tanze Ballett und Musical Jazz.

DER SEX IST LANGWEILIG, WEIL SIE DAS STÖHNEN NICHT HÖREN

So ein Bullshit. Als ob das Stöhnen das Hauptkriterium beim Sex wäre. Manchmal stellt man sich schon vor, wie das jetzt wohl klingen mag, und wünscht sich für einen Augenblick, normal hören zu können, aber das vergeht auch wieder. Das Hören wird überbewertet.

DIE GEBÄRDENSPRACHE ZU LERNEN IST SEHR SCHWER UND UNNÖTIG

Die Gebärdensprache ist selbstverständlich keine einfache Sprache und sie hat eine eigene Grammatik, die aus Phonologie, Morphologie, Morphosyntax und Syntax besteht. Dennoch ist es eine Sprache wie jede andere auch und kann mit Fleiß und täglicher Übung gelernt werden. Man kann nicht erwarten, dass man es von heute auf morgen beherrscht, aber man kann es lernen. Du musst nur dranbleiben wie bei Englisch, Spanisch, Französisch und anderen Sprachen auch.

Die Gebärdensprache ist nicht unnötig, sie unterscheidet sich sehr von den anderen Sprachen, und es ist manchmal ein sehr schönes Gefühl, nur mit den Händen zu sprechen.

Generell im Ausland hast du es viel einfacher damit. Anstatt groß darüber nachzudenken, was das Wort jetzt auf Englisch heißt, gebärde ich einfach ein wenig und wende die Pidgin-Sprache an, die dafür geschaffen ist, dass fast jeder überall auf der Welt sie versteht – und schon klappt die Kommunikation.

WER GEHÖRLOS IST, IST NICHT INTELLIGENT

Natürlich gibt es gehörlose Menschen, die nicht hochbegabt sind oder nicht so hell sind – wie unter den Hörenden auch. Nur weil man nicht hört, heißt es nicht, dass man geistig zurückgeblieben ist.

GEHÖRLOSE NENNT MAN AUCH „TAUBSTUMM"

Genau das eben nicht. Taubstumm definiert Gehörlose, die zugleich nicht sprechen können. Es ist heutzutage eine Beleidigung und leider verwendet es fast jeder. Selbst Ärzte, die es eigentlich besser wissen müssten. Wir Gehörlose sind ja nicht stumm, wir können reden, nur, wie oben schon gesagt, klingen die Stimmen meistens monoton.

DURCH EINE OPERATION KANN MAN DAS OHR WIEDER HEILEN

Bei diesem Satz musste ich lachen. Es gibt tatsächlich eine Operation, damit man besser hören kann, das nennt sich Cochlear Implantat. Damit heilt man das Ohr nicht; es ist eine Chance, besser zu hören, wenn die Hörgeräte nichts mehr nutzen. Jedoch gibt es hierbei keine Garantie, dass man nach der Operation wirklich besser hört als zuvor.

Momentan wird sehr heftig über das Cochlear Implantat diskutiert. Es gab vor kurzem einen Fall, in dem ein gehörloses Kind von gehörlosen Eltern laut dem HNO-Arzt ein Cochlear Implantat, gekürzt CI, haben muss, um leichter sprechen zu lernen. Die Eltern lehnten das ab, es sollte in normalen Umständen aufwachsen, und die Eltern, die ja selbst gehörlos sind, können ihm das Sprechen sowieso nicht beibringen. Nebenher besteht bei solch einer Operation ein Risiko wie bei allen anderen auch. Der HNO-Arzt schaltete das Jugendamt ein und es ging ans Familiengericht weiter, das nun über die Operation des kleinen eineinhalbjährigen Jungen entscheidet.

Viele Hörende unterschätzen, dass ein CI zu einem Identitätskonflikt innerhalb der

Gehörlosen-Kultur führen kann. Das tue ich selbst schon. Mit dem einen Fuß bin ich in der Welt der Hörenden und mit dem anderen Fuß in der Welt der Gehörlosen. Man weiß nie, zu welcher Kategorie man gehört, und man wird von der einen und von der anderen Seite nicht wirklich akzeptiert. Natürlich gibt es die Welt der Schwerhörigen, die ist aber ziemlich klein, und die meisten befinden sich in der hörenden oder in der gehörlosen Welt, sodass es schwer ist, sich eine eigene Welt dort aufzubauen. Ich stecke förmlich in einer Zwickmühle, denn meine Eltern sind beide gehörlos; dadurch kenne ich viele, aber selbst mit den Menschen in meinem Alter habe ich nichts zu tun, einfach weil ich „so gut" hören und sprechen kann, da soll ich doch lieber zu den Hearies gehen. Vorurteile gibt es nicht nur bei den Hörenden, sondern auch bei den Gehörlosen. Wenn man schwerhörig ist, hat man es nicht so leicht in dieser kleinen Welt, die etliche weitere Welten hat.

Ich sage nicht, dass ein Cochlear Implantat nicht das Richtige sei, aber darüber im Gericht zu verhandeln, was für ein Kind das Beste ist, ist ein Skandal. Ich werde wohl nie verstehen, wie so was einfach vor Gericht kommen kann; so etwas kann man nicht verhandeln, und je nachdem, wie es ausfällt, könnten Tausende gehörlose Kinder davon betroffen sein. Eine Zwangsimplantation ist keine Lösung, sondern ein Zeichen von misslungener Kommunikation. Solch einen Konflikt sollte es in der heutigen Gesellschaft nicht geben, aber hier sieht man, wie die Menschheit voranschreitet: zwei Schritte nach vorne und drei Schritte zurück.

Außer dem Geschrei und den komischen Lippenbewegungen von Gesprächspartnern gibt es noch Menschen, die meinen, mit mir wie mit einem Kind reden zu müssen. Mit einer hohen Stimme mich zu fragen, wie es mir geht, was ich gemacht habe und wie toll der Tag gewesen sei, kommt nicht sonderlich gut bei mir an. Ich bin keine fünf Jahre alt, sondern zwanzig!

Vor einem Jahr hatte ich Probleme mit einem Netzanbieter, und da ich auf meine Mails keine Antwort erhielt, versuchte ich, dort anzurufen. Ich wurde direkt verbunden und man begrüßte mich auch freundlich. Irgendwann im Laufe des Gesprächs verstand ich ihn immer schlechter und schlechter und bat ihn, bitte lauter und deutlicher zu reden. Was er daraufhin auch tat, aber nach ein paar Sekunden legte sich das wieder. Wieder erinnerte ich ihn daran und erwähnte, dass ich schwerhörig sei. Was hat er dann gemacht? Er schrie mir ins Ohr: „Warum schreiben Sie dann keine Mail, wenn Sie nicht gut hören? Jetzt muss ich wegen Ihnen den ganzen Raum anschreien." Piep. Er hatte aufgelegt. Und ich habe den Anbieter gewechselt.

TIPP

Mir ist durchaus bewusst, dass wir Hörgeschädigte häufiger in Kontakt mit Hörenden kommen als umgekehrt. Schließlich gibt es unter 83 Millionen nur 80.000 Gehörlose und 16 Millionen Schwerhörige. Die Zahl ist deutlich höher als bei Blinden, aber dennoch trifft man sie selten.

Falls Ihr mal auf gehörlose Menschen trefft, die nach dem Weg fragen, oder Ihr Kunden habt, mit denen Ihr einen Kaufvertrag abwickeln müsst und die Kommunikation auf Anhieb scheitert, dann nehmt Euer Handy und tippt dort ein, was Ihr sagen wollt. Oder nehmt Euch ein Blatt Papier und schreibt es auf. Abgesehen davon nehmen wir visuell viel mehr wahr, also schadet es auch nicht, manche Stellen zu zeigen oder zu skizzieren.

Bevor Ihr sie direkt meidet, versucht es einfach. Manchmal malt man es sich viel schwieriger aus, als es tatsächlich ist. Wenn ich mit Menschen in Kontakt komme, mache ich sie direkt auf meine Hörbehinderung aufmerksam, und dann schauen sie mich verblüfft an, wenn die Konversation einwandfrei klappt. Man muss nur vorher sagen, wie man miteinander am besten kommunizieren kann, und dann kommt alles andere von selbst.

Wie gesagt, Ihr müsst nicht immer lauter reden, schon gar nicht schreien. Es reicht manchmal auch vollkommen aus, auf derselben Stimmlage zu bleiben, nur deutlicher zu reden.

HABE ICH MICH VERÄNDERT?

Ja, durch die ganzen Videos habe ich eine Menge gelernt.

→ Fehler sind menschlich.

→ Irrtümer ebenfalls.

→ Zeit ist begrenzt.

→ Liebe ist wertvoll.

→ Hass ist nur Angst.

→ Träume sind nicht immer nur Träume.

→ Worte sind manchmal mehr als nur Worte.

→ Orte sind manchmal erfüllender als Menschen.

→ Gefühle kann man nicht steuern.

Meine Schwerhörigkeit stellte sich in meinem Leben immer als eines der größten Hindernisse dar. Irgendwann habe ich aber beschlossen zu beginnen, mich zu lieben und mich so zu akzeptieren wie ich bin, mit all meinen Fehlern. Letztendlich hatte ich festgestellt: Lernst du dich zu lieben, beginnen die Leute dich ebenfalls zu lieben.

Natürlich begegne ich jeden Tag Barrieren; ich habe aber herausgefunden, dass die Barrieren dazu da sind, sie zu überwinden. Es ist nur ein Hindernis, das zum Alltag dazugehört. Lerne ich damit umzugehen, wird es mir mit jedem Tag leichter. Lerne ich mit meiner Hörbehinderung offen umzugehen, sehen die Leute mich als selbstbewusst an.

Natürlich bin ich das nicht, ich kann keine Leute mitten auf der Straße ansprechen, ohne vorher eine halbe Stunde darüber nachzudenken. Beim ersten Date denke ich zu viel darüber nach, irgendwas falsch zu machen, anstatt darüber nachzudenken, was jetzt richtig wäre.

Mit der Zeit habe ich aber gelernt, dass meine Hörgeräte immer ein Teil von mir sein werden und ich damit klarkommen muss. Schließlich wollte ich meine Taubheit nicht mehr verstecken. So habe ich meine Ohrpassstücke erneuert, sie sind jetzt schwarz und mit

Strasssteinen übersät. Ebenso habe ich mir ein Tattoo stechen lassen, hinterm Ohr, das meine Schwerhörigkeit darstellen soll.

Vielleicht höre ich nicht gut, verstehe nicht alles, aber ich bin nicht töricht. Ich lerne sehr gerne, lese gerne Bücher und liebe Sprachen. Ich bin ein Mensch, der gerne zuhört, Aufmerksamkeit und Liebe schenkt, immer da ist, wenn man mich braucht, und Ehrlichkeit sehr schätzt.

Auf eine gewisse Art und Weise unterscheide ich mich von den anderen, mag sein. Trotzdem ist es mir egal. Durch *YouTube*, *Facebook* und all die tollen Leute, die ich kennengelernt habe, habe ich gelernt, dass es schlimmere Fehler gibt als meine Behinderung. Durch meine Reisen in ferne Länder habe ich gelernt, dass nichts unmöglich ist. Auch wenn ich immer wieder unter Depressionen leide und beginne, die Welt wieder schwarz und weiß zu sehen, weiß ich trotzdem, dass am Ende des Tunnels jemand mit einer Taschenlampe auf mich wartet und mich in die Welt der Farben zurückführt.

Cindy Klink auf *YouTube*: https://www.youtube.com/channel/UChf_AzPCMlEmJ8llaB9EZjQ/videos

„Ein diamantenharter Tonfall, ein Geist, dem die Dinge gläsern sind, assoziative Raserei und ein bodenloser Humor. Immer respektlos. Nie ohne Verve.“ – *Franziska Holzheimer*

Sophie Passmanns Texte erzählen von Liebeskummer, Reisen ans Ende der Welt und Nächten an klebrigen Kneipentresen. Sie lacht, schreit, suhlt sich in Selbstmitleid und Pathos. Seit 2009 steht sie in ganz Deutschland auf großen und kleinen Slam-Bühnen, ihre Texte sind so süß wie Pudel und so hart wie Panzer.

ISBN: 978-3-943774-94-8 Hardcover mit Farbschnitt
104 Seiten, 9 EUR

Klaus N. Frick, geboren 1963 in Freudenstadt im Schwarzwald, ist im Hautberuf Chefredakteur von „Perry Rhodan“ und ansonsten einer der bekanntesten literarischen Chronisten der Punk-Bewegung. Bereits in den frühen 80er Jahren produzierte er seine ersten Fanzines: zuerst Science Fiction, später Punkrock. Seit den 90er Jahren veröffentlichte er diverse Bücher, unter anderem die Romane „Vielen Dank Peter Pank“ und „Chaos en France“. Daneben entstanden zahlreiche Kurzgeschichten, die in verschiedenen Zeitschriften veröffentlicht wurden und nun erstmals in einem Band präsentiert werden.

ISBN: 978-3-945398-44-9 Hardcover

320 Seiten, 18 EUR

Aus dem Inhalt: „Ich sehe mich als verwirrten Linken.“ Götz George über Schimanski, die Polizei und die Politik + Chaostage in Hannover + Terror der Idioten. Wie Antifas ein antifaschistisches Skinheadfestival verhinderten + Zur Misere der deutschen Jugendforschung + Jugendkulturen & Drogen + Kein Refugium für Couchpotatoes: Die ästhetische Praxis in Jugendkulturen + Die Wiedergänger des „Untertan“ + Hassgesänge – Homophobie im Musikbusiness + Sind Jugendkulturen eigentlich Jungenkulturen? – Ein genderorientierter Einblick in Jugendkulturen

ISBN: 978-3-945398-93-7 Hardcover

180 Seiten, 18 EUR